MÉMOIRE

DE PIERRE - AUGUSTIN CARON

DE BEAUMARCHAIS;

EN réponse au Libelle diffamatoire,

Signé,

GUILLAUME KORNMAN;

DONT plainte en diffamation est rendue,

avec Requête, à M. le Lieutenant-

Criminel, & permission d'informer.

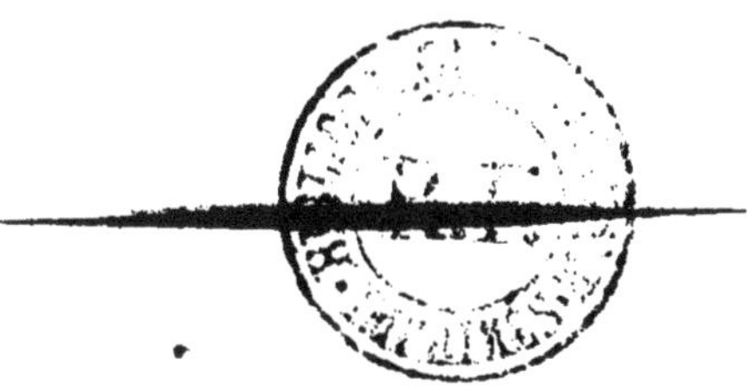

1787.

PREMIÉRE PARTIE.

Pressé, par les circonstances, de publier ma justification sur les atrocités qui me sont imputées dans un libelle, signé *Gillaume Kornman*, & depuis avoué de lui; j'ai fait en quatre nuits, l'ouvrage de quinze jours.

Dans cette première partie de ma défense je n'emploierai pas de longs raisonnemens à repousser des injures grossières, le temps est trop précieux pour le perdre à filer des phrases : j'opposerai des preuves claires & concises, à des inculpations vagues & calomnieuses.

Je dois repousser fortement les quatre chefs suivaus.

1º. D'avoir concouru, avec chaleur, à faire accorder à une infortunée la liberté conditionnelle d'accoucher ailleur que dans une maifon de force, ou elle courait le danger de la vie,

2°. D'avoir examiné févèrement une grande affaire qui tournait mal; à la follicitation des perfonnes les plus confidérables, qui avaient intérêt *& qualité* pour en vouloir être bien inftruites,

3°. De m'être oppofé, dit-on , par toutes fortes de moyens, au rapprochement de la Dame Kornman, avec fon mari.

4°. Enfin, d'avoir ruiné les affaires de celui-ci, en le diffamant par-tout.

Les deux premiers chefs, je les avoue & je m'en honore hautement; je prouverai que j'ai dù me conduire ainfi. Je nie les deux derniers; j'ai fait le contraire de l'un; je prouverai la calomnie de l'autre.

Faits juftificatifs du premier chef.

Avez-vous concouru. avec chaleur, à faire accorder à une iufortunée la liberté conditionnelle d'accoucher ailleurs que dans une maifon de force, où elle courait le danger de la vie?

Oui je l'ai fait; & voici mes motifs.

Au mois d'Octobre 1781 je ne connaiffais pas même de vue la dame Kornman; je favais feulement, comme tout le monde, que fon mari l'avait fait mettre dans une maifon de force, eu vertu d'une Lettre de cachet.

Un jour que je dînais chez Madame la Princeffe de Naffau Siéghen, avec plufieurs perfonnes, on nous peignit la détention & la fituation de la Dame enfermée, avec des couleurs fi terribles, que cet évènement fixa l'attention de tout le monde. Le Prince & la Princeffe de Naffau, fur-tout, paraiffaient fort touchés de fon malheur, & voulaient s'employer, difaient-ils, à lui faire obtenir fa liberté. Touché moi-même du récit, & de cette noble compaffion, *je* les louais de leur deffein; ils me prièrent d'y joindre mes efforts. ajoutant qu'un tel fervice était digne de mon courage & de ma fenfibilité. Je m'en défendis, par des raifons de prudence. Ils me prefsèrent, je réfiftais, en alléguant (ce qui eft vrai) que je n'avais jamais fait une action louable & généreufe qu'elle ne m'eût attiré des chagrins. Quelqu'un invite alors un Magiftrat du Parlement, qui était préfent, à montrer à la Compagnie le Mémoire que cette malheurenfe femme avait compofé feule au fond de fa prifon, & qu'elle avait trouvé moyen de faire parvenir à M. le Préfident de Saron, avec autant de Lettres qu'il y avait de Magiftrats à la Chambre des vacations. Voici cette Requête touchante.

*Mémoire adreſſé à M. le Préſident Saron, par
la Dame Kornman, née Faech* [*]

„Je ſuis née à Basle, en Suiſſe, j'ai été éle-
vée dans la Religion Proteſtante réformée.

A l'âge de 13 ans, j'étais orpheline de père
& de mère ; à celui de 15 , mes parens m'ont
fait épouſer, en 1774, le ſieur Kornman, Al-
ſacien, & de la Religion Luthérienne.

Mon mariage a été célébré dans le Canton de
Basle, ſuivant les Loix Civiles & Eccléſiaſtiques
de cette Ville.

Je ne connaiſſais pas le ſieur Kornman, je
témoignai quelque répugnance ; on m'aſſura
que je ſerais très-heureuſe, que c'était un bon
parti, je me réſignai.

J'ai apporté à mon mari 360,000 livres de
dot, qu'il a touchées. J'ai été avantagée en
outre de 60,000 livres. Mon mari s'eſt obligé
encore de faire un Etat de ſes biens, dont la
moitié doit m'appartenir en cas qu'il vienne
à mourir.

Un de mes parens m'a dit, il y a un an, que
cette clauſe n'avait pas été remplie, & m'en a
marqué du mécontentement. Mais comme je
ne me connais pas en affaires d'intérêt, j'ai
toujours négligé ce point.

---

[*] La famille Faech eſt une des premières de
Basle.

Mon mari m'a propofé de lui faire, par écrit, fous feing-privé, une donation de tous mes biens, je lui ai fait cet écrit dans les commencemens de notre mariage; il m'en a fait un pareil, qu'il a retiré fans me rendre le mien; je l'ai annullé de mon propre mouvement le 25 Juillet dernier.

Je fuis mère de deux enfans, & groffe de quatre mois du troifième. Notre union a été très-mal affortie, j'ai été fort malheureufe; & j'ai long-tems fouffert avec patience & douceur.

Il y a deux ans que ces orages ont été plus fréquens, & plus violens. Comme le divorce eft permis dans mon pays, & dans ma Religion, j'ai écrit, il y a un an, à mes parens collatéraux, que je voulais brifer ma chaîne.

On a cherché à m'adoucir: un frère utérin que j'ai, eft venu à Paris, le mois de Mai dernier, il a cherché à pacifier ces troubles; c'eft l'époque de ma groffeffe.

Au bout de quelque tems qu'il a été parti, mon mari a recommencé fes perfécutions, & a paffé toutes les bornes.

Je me fuis plaint de mon côté, & je me fuis occupée d'obtenir, dans les Tribunaux (en me féparant de mon mari), le repos que les conciliations n'avaient pu me procurer.

Mon mari craignant fans doute l'effet de ces démarches, a cherché à les prévenir par l'autorité.

La nuit du 3 au 4 Août, deux hommes fe font préfentés à moi, & m'ont dit que M. le Lieutenant de Police défirait me parler.

Je témoignai quelque furprife du meffage à une heure auffi indue; ne pouvant cependant imaginer aucune violence, je m'habillai pour fuivre les deux inconnus.

Je marquai de l'étonnement de ne point trouver ma voiture ni mes gens. On me repréfenta que c'était pour prévenir des interprétations de leur part; que je rentrerais tout de fuite; que c'était pour m'expliquer avec mon mari devant le Magiftrat; je me rendis: on fit approcher un fiacre, où je trouvai un troifième perfonnage. Je m'apperçus qu'on prenait une autre route que celle de l'Hôtel de la Police; je demandai pourquoi? on me répondit encore que le Magiftrat craignant que je ne fuffe vue de fes gens, avait, par delicateffe cru devoir me parler en maifon tierce.

Je me payai de cette raifon; j'arrivai dans une cour; on me fit entrer dans une falle à rez-de-chauffée; & l'homme aux expédiens, quittant l'anonyme & fa feinte, me demanda pardon de la fupercherie; me dit qu'il était Exemt de Police, & que j'euffe à refter par l'ordre du Roi dans le lieu où j'étais.

Je ne puis rendre compte de ce qui s'eft paffé le refte de cette nuit & les trois premiers jours qui l'ont fuivie, je me fuis évanouie plufieurs fois. J'ai eu le tranfport. Un homme eft venu me parler, m'interroger, me faire figner: ma tête n'était pas à moi; & je n'ai qu'un fouvenir confus.

Je vis M. le Lieutenant-Général de Police, qui m'a paru me marquer de l'intérêt. Mes idées s'étant calmées, j'ai appris que j'étais rue de Bellefonds, au Château de Charolais, dans une Maifon de Force, régie par deux femmes, nommées Lacour & Douay: qu'on y renfermait des folles & des femmes proftituées.

On m'a ôté ma femme-de-chambre pour m'en donner une du lieu, chargée fans doute du foin de m'efpionner.

On m'affure que je fuis traitée extraordinairement: quoi-qu'accoutumée à l'aifance, je ne me plaindrais pas des privations phyfiques que j'éprouve dans mon état, & qui influent fur ma fanté & fur le fruit que je porte dans mon fein.

J'avais été avertie que mon mari machinait contre moi, on m'avait dit même que des gens avec qui il m'avait fait dîner étaient des Efpions de la Police; quoiqu'il les eût annoncés pour des Négocians arrivant des Grandes-Indes.

Le 25 Juillet je fis deux procurations, dont une pour M. Silveftre, Avocat aux Confeils, qu'on m'avait indiqué comme un honnête homme, à l'effet de veiller à mes intérêts, & de prévenir quelques manœuvres contre moi;

j'avoue que je regardais cette précaution comme fuperflue, ne pouvant imaginer que le Gou-
vernement fe mêlât de mes querelles avec mon
mari, & qu'on me ravirait l'honneur, la liberté, mes enfans, peut-être ma fortune, fans
m'entendre, quoiqu'il y ait des Tribunaux.

Depuis ce moment, j'ai fans ceffe demandé à
parler à mon Avocat; je n'ai pu l'obtenir; je
n'ai vu que mon frère, jeune homme âgé de
vingt ans, qui, inftruit de mon malheur, eft
venu d'Allemagne à Paris. C'eft par lui que
j'ai pu avoir quelques renfeignemens fur la conduite que j'avais à tenir. C'eft par lui que j'ai
pu faire paffer quelques lettres pour inftruire
mon Avocat de mon fort, le prier d'agir pour
me tirer de ce gouffre.

Je n'ai point reçu de réponfe, on a cherché
à intimider mon frère, & on eft parvenu à le
faire repartir, dans la crainte qu'il ne me fecou-
rût. J'ai demandé s'il n'y avait pas de Juges
que je puffe implorer. Il m'a dit que le Parlement était en vacance, il m'a remis une lifte im-
primée; & j'ai imaginé d'écrire à toutes les
perfonnes de cette lifte pour demander juftice &
appui.

Je n'ai rien commis contre l'Etat, je demande qu'on s'informe de la fociété qui venait chez
moi, fi j'ai mérité, par ma conduite, d'être
mife dans un lieu de proftitution, où je man-
que de tout, moi qui tenais un rang dans le

monde ; qui ai apporté une fortune confidéra-
ble, & qui ai toujours vécu dans l'abondance.

Je fuis inftruite que mon mari craint que je
ne redemande mon bien : on dit que fes affaires font furchargées par les grandes entre-
prifes dans lesquelles ils s'eft intéreffé , en-
tr-autres dans une aux Quinze-Vingts. Il eft
trifte de perdre ma liberté , parce que ma fortune périclite.

Sa conduite poftérieure m'annonce la vérité
de ces conjectures.   Après m'avoir diffamée
de la manière la plus cruelle , il parle de re-
vivre avec moi ; la cupidité feule ou l'im-
poffibilité de juftifier de mon bien , peut lui
faire méprifer jufqu'à ce point la délicateffe &
l'honneur.

Quoi qu'il en foit, je fupplie refpectueufe-
ment Noffeigneurs d'avoir pitié d'une jeune
femme étrangère, fans expérience, ne connoif-
fant ni les ufages ni les loix ; je mets fous
leur protection ma vie & celle de l'enfant que
je porte dans mon fein; car je dois tout craindre après ce que j'ai fouffert.   Si mon mari
croit avoir le droit de me traiter auffi barbare-
ment, pourquoi fuit-il les regards de la Juftice
pour me perfécuter ténébreufement ?   Après
m'avoir tout ravi , il a été tranquillement fe
promener à Spa , pour fes plaifirs; & je n'ai
pu encore parler à mon Avocat.   Mon âge,
mon fexe , mon état , méritent quelqu'indul-

gence : je supplie qu'on me donne les moyens de me défendre , de m'arracher de cet
odieux séjour.   Ma qualité d'Etrangère, la
Religion que je professe, les Loix sous lesquelles j'ai été mariée , devaient empêcher qu'on
me ravit ainsi ma liberté.   Je demande justice
& protection ; & si la confiance que j'ai en
la démarche que je fais , n'est pas trahie , je les
obtiendrai.   Ma reconnaissance égalera mon
respect pour mes libérateurs „.

Signé, F. KORNMAN, née Faesch.

Copie de la lettre écrite à MM. les Conseillers de la Chambre des Vacations.

Paris, au Château de Charolais, rue de
Bellefonds, Octobre 1781.

MONSIEUR,

„J'ai pris la liberté d'adresser un Mémoire à
M. le Président de Saron, & l'ai supplié d'en
faire la lecture à Messeigneurs   Son contenu
vous apprendra mes malheurs , & le secours
que j'ose attendre de votre justice & de votre bonté.   Je les implore avec la plus vive
confiance, ma reconnaissance égalera les sentimens respectueux avec lesquels j'ai l'honneur
d'être.   Monsieur,

Votre, &c.

Signé, F. KORNMAN, née Faesch „.

A la lecture de cette Requête, si simple & si touchante, je dis : Messieurs, je pense comme vous; ce n'est point là l'ouvrage d'une méchante femme, & le mari qui la tourmente est bien trompé sur elle, ou bien méchant lui-même, s'il n'y a pas ici des choses qu'on ignore. Mais, malgré l'intérêt qu'elle inspire, le serait imprudent de faire des démarches pour elle, avant d'être mieux informé. Alors, dans il desir de me subjuguer tout-à-fait, un de ses zélés défenseurs, je ne sais plus lequel, me remit un paquet de lettres du mari de cette Dame, écrites à l'homme qu'il accusait de l'avoir corrompue. Je passai sur une terrasse, où je les lus avidement. Le sang me montait à la tête. Après les avoir achevées, je rentre & dis avec chaleur : vous pouvez disposer de moi, Messieurs, & vous, Princesse, me voilà prêt à vous accompagner chez M. le Noir, à plaider par-tout vivement la cause d'une infortunée, punie pour le crime d'autrui. Disposez entièrement de moi. Je ne connais du mari que le désordre de ses affaires & je vous apprendrai comment. Je n'ai jamais vu sa malheureuse femme, mais, après ce que je viens de lire, je me croirais aussi lâche que l'auteur de ces lettres, si je ne concourais de tout mon pouvoir à l'action généreuse que vous voulez entreprendre. Mes amis m'embrassèrent, & j'allai, avec la Prin-

ceſſe de Naſſau, chez M. le Noir, où je plai-
dai long-tems pour notre Priſonnière. Je ne
crains d'offenſer perſonne en l'appellant ainſi,
la nôtre : Ah ! chacun l'avait adoptée ! Delà
je partis pour Verſailles, & n'ai pas eu de
bon repos que je n'aie obtenu des Miniſtres que
l'infortunée n'accoucherait pas , ne périrait pas
dans la Maiſon de Force où l'intrigue l'avait
jetée.

Pour juſtifier la chaleur que j'ai miſe à toutes mes ſollicitations, je dois tranſcrire ici les
lettres du mari, comme j'ai tranſcrit plus
haut la Requête de la femme. Mon bonheur
veut, qu'après les avoir employées dans le tems
à ouvrir les yeux des Miniſtres, ſur l'homme
qui les avait trompés , elles me ſoient reſtées
dans les mains , qu'on ne me les ait pas re-
priſes ! Il eſt vrai que depuis ſix ans ce
Kornman eſt dans la boue, & que ſa levée de
boucliers, auſſi lâche qu'injurieuſe , était bien
loin d'être prévue ! Mais s'il eſt un ſeul homme , après avoir lu ces lettres , qui ne diſe
pas : j'en aurais fait autant que Beaumarchais !
je ne pourrai jamais eſtimer cet homme-là.

Non , ne tranſcrivons point sèchement ces
étranges lettres : ſoyons courts, mais pas en-
nuyeux : oppoſons-les , date par date , aux
narrations du libelle que j'attaque , aux jéré-
miades hipocrites qui en accompagnent les
récits :

récits : déterminons sur-tout les époques où elles concourent avec les lettres.

C'est vous seul que j'attaque, M. Guillaume Kornman. Vous m'avez non pas inculpé, mais vous m'avez injurié. Vous avez armé contre moi mille gens aflez légers pour prendre parti dans votre affaire, sans penser qu'un homme audacieux peut tout oser impunément aussi long-tems qu'il parle seul. Vous me forcez de me justifier ; je vais le faire sans humeur. N'étant point appellé à défendre votre malheureufe femme, de l'accufation d'adultère dont vous la flétriffez ; moins encore à difculper celui que vous nommez fon féducteur ; c'est vous seul que je vais difcuter, pour le maintien de mon honneur : il m'importe ici de le faire, avant de dire un mot de moi.

Parcourons donc votre libelle, que vous appéllez un Mémoire.

Vous convenez (page 6) que votre femme s'est conduite avec vous, pendant six ans, d'une manière exemplaire, & vous fixez l'époque de fes défordres (pour ufer un moment de vos termes) à la conaiffance que vous lui fîtes faire d'un fieur *Daudet de Joffan*, en 1779.

M. le Baron de Spon, premier Préfident de Colmar, vous avertit, dites-vous, (page 6)

„ que le fieur Daudet était un perfonnage
„ très-dangereux . . . . . . qu'aucun principe
„ d'honnêteté publique & particulière n'arrêtait
„ dans l'exécution de fes deffeins „. (Bon
Kornman, vous voilà prévenu. S'il vous arri-
ve malheur ce fera bien votre faute !) Et cependant vous le reçûtes chez vous, (page 8)
„ & vous lui rendites quelques fervices de la
„ protection très-publique dont M. le Prince de
„ Montbarrey daignait l'honnorer „. (Cela
eft bien généreux, mais en même-tems bien
imprudent ; puifque le changement de conduite de votre femme vous indiquait déja (page 8)
le commencement d'une liaifon entr'elle & lui.)
Infenfiblement votre fanté s'en altéra (page 8).
Vous fûtes à Spa pour la rétablir. Mais,
homme attentif, en partant, „ vous fuppliâtes
„ votre époufe d'ouvrir les yeux fur l'abîme
„ qui s'ouvrait fous fes pas. Vous la fuppliâ-
„ tes de ne pas fe livrer davantage à un hom-
„ fans morale; & qui avait moins une véri-
„ table paffion pour elle, que le befoin de ti-
„ rer parti pour fa foutune de la complice de
„ fes égaaemens „.

Cela eft très-prudent de votre part. Mais
que veut dire une lettre de vous, que j'ai dans
ce moment fous les yeux ? Lettre écrite en
arrivant aux Eaux, à cet homme fufpect, dont
les liaifons avec votre femme avaient altéré
votre fanté, contre lequel vous aviez de nou-

veau cru devoir la mettre en garde à votre départ : cette lettre rentre fi parfaitement dans
les idées que vous nous faites prendre de votre éloignement pour lui, que j'en veux donner des fragmens.

Adreffe de la lettre.

*A M. Daudet de Joffan, Syndic-
Royal de la Ville de Strasbourg
à la Chauffée d'Antin,
à Paris.*

Avec le timbre de la Pofte (1)

Spa, le 12 Juillet 1780.

*Je croirais manquer à l'amitié que vous
m'avez toujours témoignée,* MON CHER SYN-
DIC-ROYAL, *fi je ne vous donnais des nouvelles de mon arrivée au lieu de ma deftination. J'ai
fait le plus de diligence poffible,* AFIN DE POU-

___

(1) Je préviens que toutes ces lettres, écrites
& fignées du mari, paraphées dans le tems
par la femme, & contrôlées depuis, font
dépofées au Greffe, afin que Guill . . .
Korn . . . . foit forcé de les reconnaître, ou
les nie à fon grand péril.

B 2

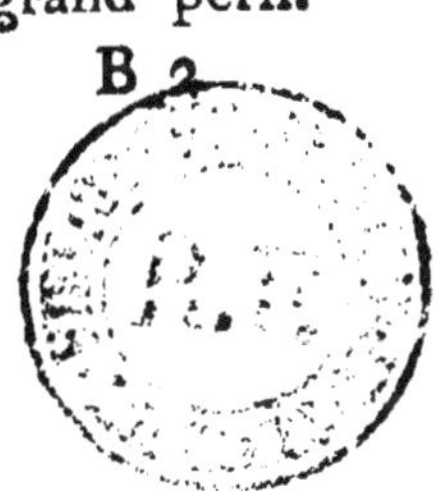

VOIR VOUS REJOINDRE LE PLUTOT POS-
SIBLE, *pour me rendre en Alface.* Ma foi il
*était tems que je m'en aille de la rue de Carê-
me - Prenant* (demeure du fieur Kornman à
Paris.) Je fupprime ici quelqnes détails oifeux.
Mais, lui parlant de votre femme, vous ajou-
tez : „ ET COMME ELLE N'A PAS D'EX-
PERIENCE POUR SE CONDUIRE, EMPE-
CHEZ-LA, MON CHER, DE FAIRE QUEL-
QUE SOTTISE MAJEURE ; *& tâchez de la
faire fortir de la dépendance des Domeftiques,
en lui perfuadant que l'on paye leurs complai-
fances paffagères fort cher, dont cette efpèce de
gens fait toujours tirer parti. Je vous envoie*
UNE PETITE LETTRE POUR MA FEMME,
que je vous ferai obligé DE LUI REMETTRE...
ADIEU MON CHER .... *vous aurez encore
de mes nouvelles avant votre départ pour l'Alface.* JE VOUS EMBRASSE ET SUIS AVEC
LES SENTIMENS DU PIUS INVIOLABLE AT-
TACHEMENT TOUT A VOUS. Signé G.
KORNMAN.

Me trompai-je en lifant ? Eft-ce bien vous
M. Kornman qui mettez votre femme fous la
direction de cet homme fans honneur & fans
mœurs qui ne feint de l'aimer que pour la
dépouiller ? Donnors encone quelques fragmens d'une autre lettre de Spa, & toujours
au même homme, Elle vient à l'appui de la
première.

A M. Daudet de Joſſan, &c. méme adreſſe & méme timbre.

De Spa, ce 19 juillet 1780. (cinq jours après la précédeute.)

Après des complimens affectueux au *cher ami*, on lit. . . . . ,. *Je ſuis fâché de ne pas être à Paris pour y recevoir M. votre frère, je ſouhaite qu'il puiſſe vous engager à différer votre départ pour l'Alſace,* AFIN QUE JE PUISSE VOUS Y JOINDRE, *il eſt vrai que je vous en ai donné ma parole vous pouvez compter que je l'effectuerai, à moins que je n'aille dans l'autre monde, cas auquel vous voudrez bien m'excuſer de n'avoir pas tenu ma promeſſe.* SI NOUS POUVIONS FAIRE LE VOYAGE DE L'ALSACE ENSEMBLE, CELA SERAIT PLUS GAI; *d'un autre côté, votre abſence de Paris & Verſailles pourrait peut-être préjudicier* A NOS SPECULATIONS PROJETTEES, *enfin vous verrez à faire pour le mieux,* & *vous ne devez pas douter* DU PLAISIR QUE J'AURAI *de me trouver en Alſace avec vous,* IL NE DEPENDRA QUE DE MA FEMME D'ETRE DE LA PARTIE, *mais pour lors il ne faudra pas que je faſſe le voyage avec un déſagrément continuel, ma ſanté ne le ſupportevait plus; je crois avoir fait tout ce qui était raiſonnable, mais tout a ſes bornes, je ne puis plus rien lui dire; elle* *n'eſt plus un enfant, & c'eſt à elle à ſe faire eſtimer du Public & de ſon mari;* POUR LE RESTE, ELLE SERA LA MAITRESSE DE FAIRE CE QU'ELLE VEUT; *je n'aurai jamais la ſotte manie de géner le goût & l'inclination de perſonne, trouvant que de toutes les tyrannies, la plus abſurde eſt celle de vouloir être aimé par devoir, outre que c'eſt une impoſſibilité, on ne commande pas au ſentiment le plus doux;* PARTANT DE CE PRINCIPE, ON PEUT TRES-BIEN VIVRE ENSEMBLE, NE PAS S'AIMER, MAIS S'ESTIMER, *avoir de bons procédés qui prouvent toujours de la réciprocité de la part d'une ame honnête.* Je crois que ce que j'exige, n'eſt pas injuſte ni difficile dans la pratique, ET JE LE SOUMETS A VOS REFLEXIONS, &c. Signé, Kornman.

Ainſi vous ſoumettez aux reflexions de votre odieux rival, le deſſein où vous êtes de laiſſer à votre jeune femme toute liberté d'aimer un autre homme; cependant vous croyez ſavoir que c'eſt cet homme - là qu'elle aime!

Quatre ou cinq lettres ſuivantes ſont du même ſtyle.

Eh quoi, Monſieur, vous n'écrivez pas même en droiture à votre femme? Il faut que ce ſoit votre ennemi qui lui remette vos lettres? Vous l'en priez? Vous étouffez d'embraſſemens le corrupteur qui l'a perdue, ou la 'perdra? . Vous careffez ce monftre qui vous a forcé de recourir aux Eaux de Spa, pour rétablir votre fanté, qu'nne jufte jaloufie délabre! *Et comme ma femme n'a pas affez d'expérience pour Je conduire, empéchez-là, mon cher, de faire quelque fottife majeure.* (Prenez garde M. Kornman!) On dira que vous préfcrivez à deux amans, de mettre de la décence dans une intrigue approuvée de vous! Prenez garde! On dira que vous foumettez votre femme à l'expérience d'un corrupteur habile, pour qu'elle apprenne de lui la manière de conduire fans fcandale une intrigue d'amour! Prenez garde! Mais revenons vîte ! au libelle: ces rapprochemens font précieux.

(Page 9) „Mes remontrances furent inu-
„ tiles: de retour des Eaux de Spa, j'ap-
„ prends qu'en mon abfence la dame Korn-
„ man a tenu la conduite la moins méfurée,
„ que le fieur Daudet lui a fréquemment
„ affigné des rendez-vous chez lui; & qu'il
„ s'y eft paffé des fcènes d'une efpèce affez
„ étrange, pour que le voifinage en fait
„ été fcandalifé, &c. "

Maintenant que vous êtes inftruit de tout par des rapports auffi fidèles, j'efpère, ô Kornman! que la colère & l'indignation vont vous faire éclater; ou qu'au moins toutes liaifons entre un homme audacieux & vous,

font finies! & qu'enfin votre dernière lettre à cet abandonné, fi même vous croyez
devoir lui défendre ainfi votre porte, eft
bien févère! Il faut la lire & la comparer avec la page 9 du libelle, citée plus
haut; à cette époque vous lui écriviez :

A M. Daudet de Joffan, à Stras-
bourg, &c, (il était parti pour
Strasbourg.)

» *J'efpère, MON CHER AMI, que la
Lettre que j'ai eu LE PLAISIR de vous a-
dreffer de Bruxelles, vous fera bien par-
venue; la vôtre, que vous M'AVI-
EZ FAIT L'AMITIE de m'adreffer à
Spa, le 7 de ce mois, m'a été renvoyée ici,
JE SUIS CHARME D'AVOIR PREVENU VOS
INTENTIONS, EN HATANT MON RETOUR;
je n'ai pas manqué de me rendre de fuite chez
M. le Comte de Brancion, qui m'a mis au
fait du projet dont il était queftion; l'affaire
me paraît belle, il ne s'agit que de la certi-
tude de fe procurer les fonds néceffaires pour
ne pas refter en chemin, lorfque l'opération
fera commencée; je m'occupe à venir vous joindre pour nous concerter là-deffus. (ici font
des détails d'affaires.)*

» *J'ai mille chofes à régler avant mon départ, que je compte effectuer vers la fin de la
femaine prochaine. Je crois que ma femme*

est intentionnée de faire ce petit voyage, mais elle n'a guères fait de préparatifs pour cela: lorsque cela sera bien décidé JE NE MANQUE-RAI PAS DE VOUS EN FAIRE PART. *En attendant le plaisir de vous voir, je vous em-brasse de tout mon cœur, & suis,* SANS RE-SERVE, *tout à vous,* signé, KORNMAN.

Quel étonnant commerce! *J'espère, mon cher ami, que la Lettre que j'ai eu le plaisir de vous adresser de Bruxelles, &c.* O vertueux Kornman! époux délicat, père tendre! l'homme qui corrompait tout chez vous était votre *cher ami!* .... *Je suis charmé d'avoir prévenu vos intentions en hâtant mon retour.* Ainsi vous aviez mis dans ses mains, non-seulement la direction des plaisirs sécrets de votre femme, mais encore il vous fesait marcher suivant ses intentions! & afin qu'il ne pût douter que la vôtre était de lui mener votre épouse à Strasbourg, vous le lui assuriez en finissant votre Lettre. *Je crois que ma femme est intentionnée de faire ce petit voyage, mais elle n'a guères fait de préparatifs pour cela, sera bien décidé,* JE NE MANQUERAI PAS DE VOUS EN FRAIRE PART. Ainsi, vertueux Guillaume! elle n'est pas encore décidée, mais l'homme abandonné qui la perd vous aura cette obligation! & pour qu'il sache même que c'est à bonne intention de

votre part; vous finiſſez ainſi la Lettre. *En
attendant le plaiſir de vous voir je vous embraſſe de tout mon cœur &'ſuis*, SANS RE-
SERVE, *tout à vous*, ſigné, KORNMAN.

Sans réſerve, Meſſieurs, vous l'entendez!
En effet, vous verrez bientôt l'étendue
d'amitié, ce que ce grand mot renferme.

Reprenons ici le Libelle.

(Page 9.) „Cependant le ſieur Daudet ſe ren-
„dit à Strasbourg pour y remplir les fonctions
„de Syndic, Adjoint de M. Gérard.

„La dame Kornman qui ne pouvait plus ſe
„ſéparer de lui; déſira de faire un voyage à
„Basle . . . Strasbourg eſt ſur la route de Basle,
„je n'eus donc pas de peine à déviner le vrai
„motif de ſa demande, &c. " (Et cependant
vous l'y meniez, Guillaume!)

Il faut lire dans le Mémoire même, tout le
pathos de cette page, & de quel ſtyle le vertueux époux apprenait, en route, à ſa jeune
épouſe, (page 9) comment *tous les faux plai-
ſirs qui nous ont occupés paſſent & s'effacent;
comme il importe pour les derniers jours de notre exiſtence, ſi fugitive & ſi courte, de ſe ménager une conſcience ſans remords*. Et tout le
reſte du paragraphe digne de figurer, au ſtyle
près, à côté de . . .
Laurent, ſerrez ma haire avec ma diſcipline.

Cependant ce vertueux époux venait d'écrire
en partant à ſon plus terrible ennemi, à ſon re-

doutable rival, deux Lettres du 24 & du 25 Août ; la premiere commence ainſi :

A Monſieur Daudet de Joſſan, &c.

Paris, le 24 Août 1780.

J'ai été charmé, MON CHER AMI, *d'apprendre par la Lettre que vous m'avez fait l'amitié de m'adreſſer, que vous ſoyez heureuſement arrivé à Strasbourg (je ſupprime des détails étrangers à mon objet.) J'ai fait deux fois ma cour à Madame de Montbarrey & à Madame de Naſſau qui m'ont reçu avec beaucoup de bontés, de même que ma femme, qui a été hier pour prendre leurs ordres, car il paraît décidément qu'elle eſt du voyage ; elle prendra autre Femme-de-Chambre & autre Domeſtique, & par ce moyen nous voyagerons enſemble.* (Ce qui prouve que les débats intérieurs ſe rapportaient au renvoi des Valets, & nullement aux intimités du Galant.) *j'eſpère que vous ſerez encore à Strasbourg, & que nous pourrons* Y PASSER QUELQUES JOURS ENSEMBLE, *&c.* ſigné, G. K.

Et le lendemain, 25 Août, de peur qu'il ne l'ublie, le vertueux époux, qui ſait *comme il importe de ſe ménager une conſcience ſans remords,* écrit une ſeconde Lettre *à ſon cher ami,* conçue en ces termes :

Vous aurez vu par ma dernière Lettre d'hier, MON CHER AMI, *que mon voyage eſt décidé, & que je ne tarderai pas à vous joindre.* (& plus bas) *Ma marche eſt de partir ſamedi au ſoir ou dimanche avec armes & bagage.* (Le bagage, Meſſieurs, c'était ſa jeune épouſe.) *à vue de pays j'arriverai vendredi pour dîner, ou, s'il eſt poſſible même jeudi,* DE QUOI JE TACHERAI DE VOUS INFORMER. (N'oublions pas cet empreſſement obligeant, il trouvera ſon application. *Je vous prie d'avance à dîner,* MON CHER, *pour ce jour, ainſi ne prenez pas d'engagement avec M. votre frere,* AFIN D'AVOIR LE PLAISIR D'ETRE PLUS LONG-TEMS ENSEMBLE. (L'heureux homme que ce Syndic, s'il ſentait tout le prix d'un ami rare comme M. Guillaume! S'il ſavait comme l'époux a peur qu'ils ne ſe voyent pas aſſez tôt! Reprenons un moment l'hypocrite Libelle. Ils ſont en route; le mari continue de prêcher ſa jeune épouſe.

(Page 10.) „Ces converſations attachantes par „leur objet, arrachaient ſouvent à la dame Korn- „man des aveux mêlés de larmes de repentir. „J'oſai quelques inſtans eſpérer qu'elle ferait „enfin un retour ſérieux ſur elle-même. MAL- „HEUREUSEMENT aux approches de Stras- „bourg l'homme dangereux paraît. (*Malheu-* „*reuſement;* inopinément même! il n'avait été „prévenu de l'arrivée que cinq ou ſix fois par

„le bon mari qui la lui amenait *malheureuse-*
„*ment.*) A l'inftant toutes fes bonnes réfolu-
„tions font oubliées...

„ A Strasbourg, toutes les règles de la décen-
„ce font enfreintes, aucune bienféance n'eft re-
„fpectée.....! Je crois devoir lui faire en
„conféquence quelques obfervations, elle ne
„me répond qu'avec le ton de l'aigreur, & de
„l'infulte. (O Guillaume Kornman! fi elle a
„pris, en effet, ce ton aigre avec vous, mé-
„ritiez-vous beaucoup d'égards ?)

„ Je fens alors qu'il eft prudent d'abréger fon
„féjour de Strasbourg, (Très-prudent en ef-
„fet, Monfieur!) & je la conduis à Basle, au
„milieu des fiens. Je ne reftai pas à Basle, per-
„fuadé que quelle qu'y pût être ma manière
„d'agir il ferait difficile que je n'euffe pas l'air
„*d'exercer auprès d'elle une cenfure importune!*

Au moins, homme prudent! avez-vous pris
en partant de Basle quelques précautions pour
que les fcènes fcandaleufes de Strasbourg ne fe
renouvellaffent point en cette Ville? Oui, oui,
Meffieurs, il en a pris. 1 a mis ordre à tout
en écrivant de Bruxelles à fa femme, & à fon
ennemi, des lettres menaçantes, foudroyantes,
que je vais rapporter ici. Il était bien tems
qu'à la fin, il fe montrât, l'homme vertueux
qu'il eft!

Lettre foudroyante à sa femme.

A Alher, près de Luxembourg, le 14 Septembre 1780.

Je crois ma femme qu'il est décent que tu reçoives de mes nouvelles, car mon silence pourrait faire naître des réflexions AUX BONNES GENS *avec lesquels tu te trouves, qu'il n'est pas de notre intérêt qu'ils fassent.* (Ces bonnes gens, Messieurs, étaient les oncles & les frères de sa femme.) *On te demandera par intérêt pour moi, ou par curiosité, si je t'ai écrit, & tu pourras par ce moyen satisfaire à toutes ces demandes.* (Ici des détails de voyage.)

Fais mille complimens à tes parens, & A DAUDET, SI TU LE VOIS, *car je suppose* QU'IL POURRAIT BIEN *dans ses petits voyages,* AVOIR L'ATTENTION *de te faire* UNE VISITE. JE LUI ECRIRAI DEMAIN. *Je fais passer la présente par Strasbourg, pour qu'on y voye que nous sommes en correspondance ensemble. Tu pourras également,* SI, PAR HASARD TU AVAIS QUELQUE CHOSE A ME FAIRE DIRE, *adresser tes lettres pour moi à Wachler.* CELA NOUS DONNERA UN AIR D'INTELLIGENCE, QUI FERA BON EFFET SUR L'ESPRIT DE CERTAINES PERSONNES. *Je suis toujours avec les sentimens que tu me connais.* G. K.

Et voici la lettre menaçante, au corrupteur de fa femme.

A Monfieur Daudet de Joffan, &c.

De Bruxelles, le 20 Septembre 1780.

Je vous adreffe, MON CHER AMI, *la préfente à Strasbourg, à tout hafard, ne fachant fi elle vous y trouvera.* (Sans doute il ne le favait pas. SON CHER AMI pouvait bien être à Basle, & le vertueux époux qui s'en doutoit finit fa lettre remplie d'affaires, en ces termes : *Je ne féjournerai que peu, pour prendre la route da la Suiffe, y chercher ma femme & mes enfans, & les ramener rue Carême-Prenant . . . . .* ADIEU MON CHER, JE VOUS EMBRASSE, *& vous prie de me croire avec le plus fincère attachement, tout à vous.* Signé, G. KORNMAN.

Et par P. S.

Je voudrais beauconp vous tronver à Paris, où je penfe que votre préfence ferait bien néceffaire.

Je ne me permets plus aucune réflexion fur ces lettres. Mais pour compléter le dégoût qu'une telle hypocrifie infpire, il faut citer encore la fin de la page 10 du Libelle, où il parle de fon retour à Basle.

(Page 10). Je n'eus pas befoin en arrivant, „ de faire de longues informations fur la con-

„ duite de la dame Kornman. A peine fus-
„ je defcendu dans l'auberge où elle logeait,
„ qu'on m'apprit que le fieur Daudet *y était*
„ *venu plufieurs fois de Strasbourg*, qu'il y
„ avait paflé des nuits avec elle . . . . . „.

Sauvons à nos lecteurs la jufte horreur de
ces récits ; Guillaume Kornman eft démafqué.
Si la malheureufe victime de fes cruautés ul-
térieures, eût été féduite en effet, (ce que je
fuis bien loin de juger fur l'accufation d'un tel
homme,) elle aurait deux complices de fa faute; fon féducteur & fon mari. Mais le plus
coupable des trois, ferait l'homme affreux qui
l'a fait enfermer & qui l'accufe d'adultère.

J'ai montré comment le fieur Kornman avait
fait les plus grands efforts pour lier intimément
fa femme avec le fieur Daudet. Quels étaient les motifs d'une auffi lâche conduite? On
va les voir. C'eft toujours lui qui va parler;
car c'eft lui feul qui doit me venger de lui.
Ses lettres oppofées à fon Libelle, ne laiffe-
ront rien à défirer. Il vous a dit (page 8.)

„ D'après une affurance fi pofitive , (celle
que lui avait donné fa jeune époufe, d'avoir de
l'éloignement pour l'homme qu'il lui préfen-
tait.) „ Je ne cherchai point à éloigner le
„ fieur Daudet de chez moi, il y vint comme
„ auparavant ". (n'oubliez pas que tout ceci
précède le voyage à Spa, dont nous avons ex-
trait

trait des lettres.)   „Il y vint comme auparavant.   „ Je lui rendis même quelques fervices
„ en confidération de la protection très-publi-
„ que, dont M. le Prince de Montbarey daig-
„ nait l'honnorer ".

Ainfi , Monfieur, vous receviez chez vous
l'homme le plus dangereux pour votre honneur,
*vous lui rendiez fervice en confidération de la
protection publique , dont un Miniftre l'hon-
norait.*   Mais ce Miniftre vous en priait-il ?
Ou vos relations avec lui étaient-elles affez
impérieufes, pour que , malgré vos répugnan-
ces, il vous fût impoffible de lui refufer la demande qu'il vous en avait fans doute fait
faire ?

Sachons , Monfieur, ce qui en eft.   Vos
lettres de Spa, écrites à cet homme accufé,
nous l'apprendront. Voyons fur-tout comment
vous lui rendiez fervice, & quels fervices vous
lui rendiez.

Toujours la même adreffe aux lettres, &
toujours timbrées de la pofte.

A M. Daudet de Joffan, &c.

Spa, le 19 Juillet 1780.

Je vous fuis obligé, MON CHER AMI, *de
m'avoir donné des nouvelles de ce qui s'eft
paffé depuis mon départ, &c.* (ici des dé-

tails oiseux.) ce que vous me dites de la situation des choses, rélativement à notre spéculation sur la place de Tréforier de la M....., me fait plaisir, & est fait pour donner des espérances, de même que ce que d'Erv.... vous a dit sur mon compte, quoique je devais m'y attendre ; il ne faut pourtaut pas trop se fier là-dessus dans ce monde. Il est encore bon de vous observer que ledit sieur a besoin d'être talonné, qu'il n'est pas bien chaud, & qu'il se rend facilement aux objettions qu'on lui fait ; & que se laissant aller aux circonstances, il attribue au hasard ce qu'il aurait pu obtenir par la moindre attivité & persévérance.

(Pardon, lecteur, mais je n'y change rien. Ceci n'est pas écrit du style hypocrite & traînant du Libelle. C'est du Kornman tout pur.)

CETTE PLACE EST TOUT-A-FAIT A MA CONVENANCE, & serait d'autant plus agréable pour moi, que me mettant en rélation avec le Département de la guerre, je serais à portée de faire connaître au Ministre que je puis être utile dans d'autres opérations, où il n'est quelquefois pas indifférent de pouvoir se confier à des gens honnêtes, ET DE LA DISCRETION DESQUELS ON EST ENTIEREMENT PERSUADE, &c.

Vous avez bien fait, MON CHER, d'envoyer le mandat pour Madame de ... à notre caisse, tout ce qui sera présenté de sa part

ET DE LA VOTRE *sera exactement acquitté*, *&c.* Signé, KORNMAN.

Maintenant vous connaissez, Lecteur, l'homme, le motif & les moyens; vous voyez comment il rendait service au corrupteur de sa femme, *en considération d'un Ministre* auprès duquel il n'espérait pourtant s'insinuer que par ce même *corrupteur*. Rien ne lui coûtait, je vous jure, pour arriver à se saisir d'une caisse: mais vous n'êtes pas à la fin. Lisez la suite.

Même adresse que dessus,

A M. Daudet de Jossan, &c.

Spa, le 29 Juillet 1780.

Je vous suis obligé, Monsieur & CHER AMI *, du détail que vous me donnez du souper de Beud . . . . de l'entrevue de mon frère & de sa femme avec la mienne; les négociateurs de ce raccommodement ne me paraissent pas bien sorciers, &c.* (Je n'écris ces *phrases aimables que pour montrer l'intimité.) A l'égard des 25 mille livres que vous voulez me charger de remettre en Billets de caisse pendant votre absence, à M. le Prince de Montbarrey, pour abquitter pareille somme qu'il a avancée à M. le Baron Wirch,* C'EST UNE EXCELLENTE IDEE ET JE VOUS EN

SUIS OBLIGÉ. *Je pense que le tems de la quinzaine dont vous me parlez* (apparemment pour acquitter le mandat) *ne sera pas si stricte pour que j'aie le tems d'arriver. Vous voudrez me mettre dans ce cas par écrit ce que je dois faire dans cette occasion.* (Ce vertueux mari, Messieurs, qui n'obligeait le prétendu galant *qu'en considération de la protection qu'un Ministre lui accordait* ; le voilà aux genoux du séducteur de sa femme, lui demandant des leçons, des préceptes pour s'insinuer dans les affaires du Ministre.)

Il serait peut-être possible qu'elle (cette occasion) *me procurât celle de glisser deux mots de mon projet, qui est que le Ministre devrait me faire son Banquier particulier, ou avoir sa caisse chez moi.* (Cet homme, Lecteur, est bien possédé du démon des caisses! Il lui en faut une absolument; car la sienne est **en** mauvais ordre! Caisse de la Marine! Caisse de l'Ecole Militaire! Caisse du Ministre! Caisse des Princes! Caisse des Quinze-Vingt! Vous verrez, vous verrez! Mais reprenons sa Lettre.

Il serait peut-être possible que cette occasion me procurât celle de glisser deux mots de mon projet, qui est que le Ministre devrait me faire son Banquier particulier. ou avoir sa Caisse chez moi. Il y trouverait l'avantage que son argent serait toujours utilement emplo-

gé, *parce que je lui en bonifierais l'intérêt*, & *il pourrait en diſpoſer également d'un moment à l'autre ; parce qu'étant dans le cas* D'AVOIR TOUJOURS UNE CAISSE GARNIE, *j'acquitterais les mandats que le Prince fournirait ſur moi*, & *que l'on imprimerait d'avance , pour qu'il n'aye qu'à ſigner* & *remplir la ſomme* & *l'ordre à qui il faudrait payer , ou je lui porterais ſur ſon ordre des Billets de Caiſſe , ou de l'argent ; il me ſemble que cet objet pourrait devenir* CONSEQUENT *pour le Prince*, *ſur-tout* SI DANS UN MANIEMENT GENERAL *comme le département de la guerre qui eſt de* *paſſé* 50 *millions*, ON PEUT ME LAISSER DE TEMS A AUTRE QUELQUE FORTE SOMME ENTRE LES MAINS. (Vous l'entendez !) *ce qui ne me paraitrait pas difficile*, & *ſuis ſûr que cela a été pratiqué dans le tems par* M. D***. *par l'entremiſe des ſieurs* L . . . & M . . . & *moi j'aurais l'agrément de me rendre utile au Miniſtre*, CE QUI PEUT SE RETROUVER DANS L'OCCASION. (Vous voyez les honnêtes projets qu'il avait ſur tous ceux qui pourraient lui confier une Caiſſe ! Et la Lettre finit ainſi :) JE SOUMETS CETTE IDEE A VOS LUMIERES, &c. *Il me tarde de venir vous joindre*, MON CHER, *je hâterai ce moment, autant qu'il ſera poſſible*. JE VOUS EMBRASSE & *ſuis avec le plus ſincère attachement tout à vous, votre ſerviteur* & AMI. Signé, KORNMAN,

A vant de réfléchir fur cette conduite, encore une Lettre de l'époux fcrupuleux, à l'homme dangereux qu'il détefte.

Même adreffe.

A M. Daudet de Joffan, &c. (toujours le timbre de la Pofte.)

Spa, le prémier Août 1780.

N'oubliez pas, Lecteur, que toutes ces Lettres font de l'époque' où l'honorable époux prétend dans fon Libelle (pag 8) „ qu'il „ conjurait la dame Kornman de la maniè- „ re la plus preffante d'ouvrír les yeux fur „ l'abîme profond qui s'ouvrait fous fes „ pas & pendant qu'il la fuppliait (dit-il) „ de ne pas fe livrer davantage à l'hom- „ me fans honneur, & fans morale qui ne „ voulait que tirer parti de la fortune de „ la malheureufe complice de fes égare- „ mens ".

Spa, le premier Août 1780.

J'efpère, MON CHER AMI, *que la préfente vous tronvera encore à Paris* (auprès de fa femme) *& que votre départ fera diféré de quelques jours* AFIN DE ME TROUVER PLUS LONC · TEMS AVEC VOUS EN ALSACE. *So-yez affuré* QUE JE M'EN FAIS UNE FETE

& que je viendrai vous joindre LE PLUTÔT POSSIBLE. *Je ne vous dis plus rien de ma femme;* TOUT DEPENDRA D'ELLE, *je ne suis pas un homme injuste,* ET JE SAIS APPRE-CIER LES FAIBLESSES HUMAINES; *je ferai toujours consister mon bonheur en faisant celui de ma femme,* (Voilà pour elle) *& de ce qui m'entoure;* (Voilà pour lui.) *Mais je suis homme; par conséquent restraint dans des bornes.* (Et dans cinq années, Malheureux! tu l'attaqueras en adultère, & tu la diffameras après l'avoir fait enfermer pour les mêmes fautes intérieures que toi-même avais préparées; si toutes fois elle a succombé! Non, ma tête est bouillante, en écrivant ces choses.) Mais finissons la Lettre du premier Août 1780.

Vos espérances sur l'adjonction en question SONT BIEN FLATTEUSES, *il faudra attendre la tournure que cela prendra,* VOUS ETANT SENSIBLEMENT OBLIGE *de votre surveillance à combiner tous les moyens pour faire réussir l'affaire,* CE SERA VOTRE OU-VRAGE. *Je vous suis obligé de votre attention obligeante de faire mention de moi dans la famille* (du Ministre apparemment) *quand l'occasion se présente, &c.* Signé, KORNMAN.

Reposons-nous un moment par une courte récapitulation de tant de faits étranges.

Un homme époufe une jeune perfonne, belle, riche & de noble famille. (Car les *Faefch*, Lecteur, font des premières familles de Basle;) un oncle généreux l'a fait riche lui - même. Et l'avide ambition de plus dépenfer en folies, lui fait concevoir le projet de tirer parti de fa femme, il la vend: Je crois bien qu'il ne l'a pas livrée; mais on voit qu'il la vend, pour l'efpoir bien vil d'une Caiffe! & fitòt que l'efpoir s'enfuit, par la retraite d'un Miniftre, mon tartuffe change de ton, cherche querelle à celui qu'il attirait baffement, lui ferme la porte, & punit de fon propre crime, l'infortunée qui n'avait pu fe garantir de tant de piéges.

Mais j'oublie que ce n'eft pas moi qui dois plaider pour moi, que c'eft mon adverfaire lui-même; je vais donc le laiffer parler; premièrement dans le Libelle, & puis après viendront fes Lettres.

M. le Comte de Maurepàs, dit-il, (pag. „ 10) *m'avait prié* de m'occuper d'une en„ treprife à laquelle lui & M. le Prince de „ Montbarrey s'intéreffaient beaucoup (& en note au bas de la page on lit) „ le ca„ nal de Bourgogne propofé par M le Comte de Brancion ".

M de Maurepas, avec fon fon efprit vif & prompt, avec cet œil de lynx qui perçait à jour les plus fins, prier un Guillau- me Kornman! On nous prend ici pour des femmelettes, tout au moins pour des gens du monde qui croyent tout fans examen, dont l'inquiète légèreté fait, au premier mot qu'on écrit, pourvu qu'il foit âpre & fanglant, une foule de déchaînés, de la plus douce Nation du monde! Voyons donc par qui Guill . . . . . . Korn . . . . . . fut prié de vouloir bien s'occuper du canal de Bourgogne. Mais ce n'eft pas Guill . . . . . Korn . . . . . . que je travaille a convertir; c'eft vous, Public inconcevable! Athé- niens légers & cruels! qui vous livrez comme des enfans au premier brigand qui vous parle; & toujours injuftes envers moi jufqu'à la cruauté! Puis revenant enfuite à une juftice faible & tardive; mais qui ne remèdie jamais au mal affreux de vos pré- miers difcours! Athéniens toujours entraî- nés, n'aurez-vous donc jamais que la cré- dulité du jour, & le jugement du lende- main?

Les Lettres de *Guillaume* diront fans doute quelque chofe de la prière de M. de Mau- repas à *Guillaume!* Feuilletons-les encore malgré l'ennui qu'elles me caufent. Ah! j'ai trouvé, je crois, l'article.

A M. Daudet de Joſſan (avec le timbre de la poſte.)

Spa, le 5 Août 1780.

Tout ce que vous faites eſt au mieux, MON CHER, *pour me mettre en avant auprès du Miniſtre & de la Princeſſe ... Il faudra voir ce que c'eſt que l'affaire majeure dont vous me parlez, & dont je n'ai pas pu lire le nom de la perſonne que vous nommez (* ne nous dégoûtons poinr des phraſes; c'eſt-là le Guill ... Korn .... *) J'en ſerai inſtruit là-deſſus quand j'aurai le plaiſir de vous voir... Je vois avec plaiſir que d'Erv .... doit dîner chez ma femme avec* UN COMTE DE FRANCION. *Vous me dites que le Miniſtre me l'a adreſſé, mais je n'en ai aucune connaiſſance, vous m'expliquerez cela ſans doute. Enfin toutes vos demarches à mon égard tendantes* A METTRE LE PIED DANS L'ETRIER *il y aurait bien du malheur & de la gaucherie ſi je ne réuſſiſſais à me mettre en ſelle; & il ne s'agira que d'aller.* (Charmant écrivain! Galant homme!) *Adieu,* MON CHER *je vous embraſſe & ſuis avec le plus inviolable attachement tout à vous* (ſigné) KORNMAN.

Ainſi, comme on le voit, c'eſt toujours *ſon ami de cœur,* qui fait des efforts obligeans pour le fourrer dans les affaires! *Je* vois avec plaifir , que, d'Erv.......... doit dîner chez ma femme avec UN *Comte Francion*........ *Je n'en ai aucune connaiffance.* (Il en eftropie jufqu'au nom , il écrit *Francion* pour *Brancion.*) Et moi Beaumarchais je m'impatiente de ne pas voir comment M. le Comte de Maurepas a prié Guill. . . . . . Korn. . . . . Une autre Lettre nous l'apprendra peut-être !

A M. Daudet de Joffan, &c.

Bruxelles, le 12 Août 1780.

Quoique je ne fois pas curieux, il me tarde cependant de favoir qu'elle eft cette affaire majeure donc vous me faites l'amitié de me parler, & que vous avez follicité, POUR QU'ELLE ME METTE EN RELATION AVEC LE MINISTRE. *A vous dire le vrai, je ne fais que deviner. Cela paffe mon imagination, en attendant* PAS MOINS DE REMERCIMENS D'AVANCE ; *vous priant d'être perfuadé que je ferai toujours tout ce qui dépendra de moi, pour qu'on ne vous faffe point de reproches fur mon compte, &c. Adieu,* MON CHER, *portez-vous bien, confervez-moi votre amitié, & foyez affuré du plus parfait retour, je fuis tout à vous.* (Signé) G. KORNMAN.

Et le P. S. explique comment Guill............ Korn............ eft tout à lui.

A l'égard de ma femme, je ne veux que son bonheur, DANS TOUTE L'ETENDUE DU TERME, *j'espère ainsi, qu'avec un peu de réflexion, elle ne s'y opposera point.*

(Enfin j'ai trouvé le fin mot.) *L'affaire que vous avez sollicité pour qu'elle me mette en relation avec le Ministre.* Voilà M. de Maurepas expliqué. Point de Ministre qui prie Guillaume; c'est *son cher ami* qui le pousse; & voyez sa reconnaissance au post-scriptum de la Lettre. *A l'égard de ma femme, je ne veux que son bonheur* DANS TOUTE L'ETENDUE DU TERME. *J'espère ainsi, qu'avec un peu de réflexion elle ne s'y opposera point.* (C'est-à-dire, si elle fait encore quelques difficultés, prouvez-lui bien que je consens à tout.)

C'est ainsi qu'au moyen de ces rapprochemens utiles, on voit la fausseté masquée, sortir du fond d'un noir Libelle, & la modeste vérité se montrer sans fard dans les Lettres.

(Page 11 du Libelle.) „Au mois de Dé„cembre 1780, Mr. le Prince de Montbarrey „quitta le ministère, à cette époque, &c. toute la tirade.

Ainsi le Ministre est remercié; *l'ami tendre* a perdu ses places, & ces pertes ont tué son doux commerce avec l'ami Guillaume Kornman.

Le style du dernier va changer; témoin le Libelle & les Lettres signées de lui, envoyées

à tous nos Miniſtres: mais ces Lettres & ce Libelle font d'un faux Guillaume Kornman: c'eſt
moi qui tiens le véritable; vous allez voir ſon
véritable ſtyle, ſitôt après la retraitre du Miniſtre.

A ſon ami Joſſan.

Mars 1781.

*Je n'ai ſans doute pas l'honneur d'être aſ-
fez connu de vous, Monſieur, pour croire
que je ne ſache ſacrifier mes hommages qu'aux
gens en place.*

(ici des détails oiſeux). *A l'égard de la
place de Pierrecourt, toute mon activité s'eſt
repoſée ſur d'Erv.......... Il a dit qu'il en
parlerait....... Mais qu'il croyait la choſe fort
difficile........*

*Au ſurplus, Monſieur, ſi je ſuis moins chez
moi que par le paſſé, ce ne ſont pas mes affaires ſeules qui m'en éloignent, j'aurais toujours
été charmé de me délaſſer de mes occupations
dans l'intérieur de mon ménage, avec quelques
amis; je dis quelques, parce que cette claſſe ne
ſaurait être nombreuſe.* (Qu'a-t-il donc notre
ami Guill.... Korn....? on croirait qu'il cherche diſpute! Qu'eſt devenu le tems où je copiais
dans toutes ſes lettres, *mon cher ami,* à cha-
que phraſe! Ah! pourquoi nos Miniſtres ne
ſont-ils pas inamovibles? Les amitiés de nos
Guillaumes feraient à coup-ſûr éternelles! Mais

achevons la trifte lettre, ne fût-ce que pour en comparer le ftyle à celui de notre Libelle!) J'aurais vécu chez moi, dit-il, avec quelques amis: *mais ma femme s'y oppofe, fa façon de penfer ne pouvant quadrer avec la mienne, étant trop fier pour me trouver où je puis dé- plaire, lorfque l'on me l'on donne trop à con- naître,* (je copierai tout jufqu'aux fautes), *je ne trouve pas déplacé que l'on fe moque de moi, un chacun eft le maître; mais on ne doit pas trouver mauvais quand je m'en apperçois, & que je cherche d'éviter d'être l'objet plaifanté, je fais jufqu'à quel point peuvent aller les plaifante- ries de fociété & de convenance, mais il y a des termes à tout: au furplus, je fuis* POUR LA LIBERTE ET L'INDEPENDANCE, *prétendant* NE GENER PERSONNE, *& ne précipitant ja- mais mon jugement fur le compte de qui que ce foit, attendant tranquillement que l'expérience me démontre jufqu'à quel point je dois me fier à l'amitié que l'on me témoigne, préférant de ju- ger les hommes plutôt par leurs actions que par leurs paroles, j'admire l'éloquence, mais je préfère la vérité toute nue & fans ornemens dans la bouche de mes amis, & c'eft une chofe qui n'eft pas commune. Si ma maifon perd quelque chofe de l'agrément qui pouvait réfulter de la bonne intelligence* VRAIE OU APPARENTE *qui devait régner entre le Maître & la Maîtref- fe; j'en fuis fâché, mais je fuis trop franc pour* résister à la longue à une situation forcée qui irait trop au détriment de ma santé, que j'ai assez sacrifié par le sincère attachement que j'ai porté à ma femme, voyant à regret combien elle était mal conseillée de ne compter pour rien l'estime d'un mari, ET PREFERANT DES CHOSES PASSAGERES à la solidité de l'amitié, MAIS ELLE ETAIT LA MAITRESSE, &c.; (la plume tombe des mains à tant de choses dégoûtantes).

(Et ces quatre mots en finissant.) *Je ne suis pas inquiet sur les petites avances que j'ai été dans le cas de vous faire, Monsieur; la vie étant un échange continuel de procédés, je me trouverai heureux de ne me jamais trouver en arrière,* (&c. signé) KORNMAN.

Lecteur, encore cette dernière! par bonheur elle finit tout. Et toujours à l'ami Joffan.

Le Mardi matin, à 8 heures.

Je vous ai laissé, Monsieur, tout le tems pour changer votre conduite à mon égard; mais comme vous n'avez pas jugé à-propos de le faire, il convient actuellement qu'il ne reste plus aucune relation directe ni indirecte entre nous; je vous préviens que je ferai présenter le billet de 3600 liv. échu, pour que vous puissiez l'acquitter.

Je suis très-parfaitement, Monsieur,

Votre &c. Signé G. KORNMAN.

Paris, le 2 Juillet 1781.

Réponse de M. Daudet de Joffan à M. Guill.... Korn.....

2 Juillet 1781.

C'eſt par ménagement pour vous, Monſieur, par reſpect pour Madame votre épouſe, que je n'ai point changé de conduite à votre égard, & que j'ai continué d'oppoſer le ſilence, l'honnêteté & la douceur, aux impertinences & aux calomnies que vous vous êtes permis.... Ne croyez pas avoir acheté par quelques faibles ſervices pécuniers le droit de me calomnier, Et de me faire ſervir de prétextes à vos perſécutions contre une femme faible & malheureuſe.... Si j'ai reçu vos ſervices, vous ſavez que je les ai payés par d'autres, auxqnels vous avez attaché du prix, & dont vous jouiſſez. Fiez-vous ſur l'envie extréme que j'ai de pouvoir vous mépriſer à mon aiſe, du ſoin que je prendrai de me liquider avec vous ; juſques-là, je ne puis vous dire qu'entre quatre yeux l'horreur & l'indignation que m'inſpirent la baſſeſſe de vos moyens, la lâcheté de vos procedés. Je m'arrête ; ſouvenez-vous bien que je vous démaſquerai ſi vous me pouſſez à bout ; & s'il vous reſte quelque vergogne, tremblez que le public ne vous connaiſſe, comme je vous*

connais ;

connais; ET COMME VOUS VOUS CONNAIS-
SEZ VOUS-MEME. — *Je vous débarrasserai
de vos cautionnemens, ou plutôt je m'en débarrasserai; le comble du malheur serait de re-
ster votre obligé de cette façon.*

Quel fut le résultat, Lecteur, de cette rup-
ture éclatante ? Un mois après cette réponse,
la malheureuse épouse était dans une Maison
de force. En suppofant qu'elle fût coupable,
& que l'hymen fût offenfé, ce que je ne déci-
derai pas, il me femble prouvé, que s'il eft
un feul homme indigne qu'on lui accordât
protection, c'était *Guillaume Kornman.* L'infortunée qu'il abandonnait à *l'ami*, & qu'il en-
veloppait de piéges, la voilà tout-à coup enfermée dans les plaintes, *en voleufe*, *en em-
poifonneufe !* O l'horreur des horreurs !

Maintenant, quel eft l'homme honnête &
fenfible, fortant de lire ce commerce, prié,
preffé par fes amis, qui refuferait de fervir
une jeune femme livrée à des barbares, enceinte, arrachée de chez elle, & jettée nui-
tamment dans une Maifon de force, où le
défefpoir va la tuer ! Sa tête, hélas! me di-
fait on, perdue par intervalle, la jette dans de
tels délires, qu'on a déjà craint pour fa vie.
Une jeune femme, enfermée fur les plaintes
d'un tel mari ! Eft-il un feul homme d'honneur qui lui refufât fon fecours ! Ce n'eft

pas moi. Je ne la connaiſſais pas même de vue; eh bien ! ce fut avec ardeur que j'entrai dans la noble ligue que la pitié formait pour elle, que je devins l'un de ſes défenſeurs. J'en ai bien mieux aimé, bien plus chéri ce valeureux Prince de Naſſau, depuis que je le vis capable de cette bonté chevalereſque, qui fait ſecourir même ceux qu'on ne connaît pas !

Ne nous laiſſons point entraîner ? N'anticipons point ſur le travail qui a procuré la ſortie, & dont je dois compte au public, quoique je n'en fuſſe moi-même que le troiſième ou quatrième inſtrument. Déterminé à ſervir cette Dame, ſur la lecture de ces dégoûtantes épitres, j'offris la main à Madame la Princeſſe de Naſſau pour aller chez M. Le Noir. Elle mettait à ſes démarches l'activé la plus touchante. Encore chaud de ma lecture, je fis, chez le Magiſtrat, un Plaidoyer brûlant qui bientôt l'échauffa lui-même : il donna les plus grands éloges à la malheureuſe détenue, à ſa douleur, au ton pénétrant de ſes plaintes, ſouvent à ſa réſignation. Il nous dit tout ce qu'il en ſavait; mais il ajouta qu'il ne pouvait rien dans l'affaire, nous montra trois Mémoires du mari, & vingt Lettres ſollicitantes, enfin il nous prouva que l'ordre était émané du premier Miniſtre, que Kornman & ſes amis avaient ſollicité en perſonne. Il prétend qu'il a tout à craindre, dit-il, de la part d'un homme qui,

après lui avoir enlevé fa femme, voudrait at-
tenter à fes jours, & qui les marchande avec
elle. Je combattis l'horreur de ces accufations
par leur invraifembl nce, & fur-tout par les
Lettres dont j'étais déja le porteur; il en fut
vivement frappé, nous dit de voir tous les Miniftres, & me permit de l'inftruire du fuccès de
mes démarches.

Alors chacun fit de fon mieux. Les Gens
de Loi pourfuivaient la féparation en Juftice;
les Gens du monde follicitaient la délivrance,
à la Cour. M. de Maurepas était malade, &
c'était lui qu'il fallait voir ! Il mourut. Rien
ne nous arrêta. Ce bon Prince de Naffau !
(que je l'aime !) fut trois fois à Verfailles &
chez' M. Amelot. Auffi m'a-t-il trouvé depuis
auffi chaud pour fes interêts, qu'il le fut en
cette occafion pour ceux de cette infortunée,
qu'il ne connaiffait pas plus que moi ! J'adore
un grand Seigneur dont le cœur n'eft pas
mort ! J'y fus moi-même au moins fix fois.
Laffé de ne pouvoir réjoindre le Miniftre , le
Prince écrivit, le 18 Décembre 1781, cette Lettre à M. Amelot.

*J'ai été, Monfieur, plufieurs fois à Verfail-
les & nommément aujourd'hui, pour avoir
l'honneur de vous remettre un Mémoire en faveur d'une femme perfécutée. Son fort a intéreffé toutes les perfonnes qui font véritablement*

instruites de son affaire. *Permettez, Monsieur, que je vous prie de vous en faire rendre un compte vrai, & je ne doute pas que vous ne la mettiez au moins dans le cas de suivre le cours de la Justice qu'elle a invoquée; M. Le Noir ayant assuré qu'il n'était pour rien dans cette affaire, & qu'elle dépendait de vous absolument.*

J'ai l'honneur d'être, &c.

Signé, *le Prince de Nassau Siéghen.*

Cette Lettre est au dépôt de la Police, avec toutes les Pièces qui suivent. Et moi, pendant ce tems, j'impatientais M. Le Noir. Je lui écrivais.

le 18 Décembre 1781.

Il ne m'a pas été difficile hier au soir de voir que l'affaire de Madame Kornman commence à vous donner un peu d'humeur. Mais pendant que vous croyez que les Gens d'affaires de cette Dame vous trompent; j'ose vous assurer que les amis du mari vous en imposent bien davantage.

Lisez, je vous prie, ce que M. De Burges, Procureur (de la femme) me répond, & vous serez enfin convaincu que ce n'est pas à l'Hôtel du Lieutenant Civil, mais à l'audience du Parc

*Civil que M. Picard, (Advocat de la femme)
a pris ses conclusions, & a insisté pour plaider
mardi dernier.*

*Permettez-moi aussi de vous prévenir que,
malgré tous les efforts qu'on a faits pour rete-
nir l'affaire au Conseil de Colmar, il est sorti
un Arrêt qui oblige les Parties de plaider au
Châtelet de Paris. Il faut que la demande du
mari ait paru bien ridicule à ce Tribunal,
puisque l'Arrêt a été rendu sans qu'il y ait eu
aucune défense pour la femme. La nouvelle en
est venue Dimanche à M. Kornman, & vous
l'ignoriez encore hier au soir. Jugez si l'on
vous trompe vous-même!*

(Il plaidaient en séparation, & la femme était
enfermée par une lettre de cachet! ô désordre!
ô désordre!.)

*J'ai envoyé hier dans le jour deux fois chez
M. Turpin, (alors conseil de Kornman); point
de réponse : pendant ce temps, Monsieur, on
ne cesse d'effrayer la malheureuse détenue, en
lui disant qu'on lui arrachera son enfant à l'in-
stant de sa couche. Il y a de quoi la faire
mourir. Vous pouvez juger à votre tour, si
toute la compassion que vous a inspiré cette infortunée, a passé dans le cœur d'un autre!*

*Quant à moi, qui ne l'ai jamais vue, qui ne
la connais que par le tableau très-touchant que
votre sensibilité vous en a fait faire en ma pré-
sence (à M. la Princesse de Nassau) je la vois*

ſi cruellement abandonnée, après une détention
de cinq mois, pendant que le mari court à *Spa*,
fait bombance, & ſéduit tout ce qui l'approche;
que je viens d'écrire à M. *Turpin*, que ſi les
intérêts de ſon Client l'empêchent de ME VOIR
COMME CONCILIATEUR, je vais franchement
offrir à cette jeune dame & mes conſeils &
mes ſecours, mes moyens perſonnels & ma
bourſe & ma plume. (Oui je l'ai dit; & je l'ai
fait; car, elle était ſeule en France, & n'avait
même à Basle en Suiſſe que des oncles trop
vieux & des frères trop jeunes, pour qu'elle en
pût rien eſpérer.)

Peut-être, Monſieur, quand ils lui connaî-
tront des reſſources & des défenſeurs, commen-
ceront-ils à rougir de répondre auſſi mal au
bon cœur & au bon eſprit qui vous ont porté
ſans ceſſe à rechercher les voies de concilia-
tion.

Permettez que cette Lettre ſoit la dernière
de mes importunités ſur cette affaire.......
Je vis bien hier au ſoir, qu'on finiſſait par
vous impatienter en vous en parlant ſi ſouvent;
moi-même je n'étais pas tranquille ſur le plat
rôle que la prétendue mauvaiſe foi du Procureur
De Barges, me feſait jouer auprès de vous.

Aujourd'hui tout eſt éclairci; mais je ne me
permettrai plus de vous en étourdir. Le bien
que je veux à madame Kornman me cauſerait
trop de dommage, s'il allait juſqu'à altérer

vos bontés pour moi , qui m'honore d'être avec le plus inviolable & refpectueux attache- ment ;

MONSIEUR,

Votre, &c.

Signé *CARON DE BEAUMARCHAIS.*

Cette Lettre exiftante au dépôt de la Police, prouve déja que, malgré tout mon mépris pour le mari, je courais après Me. Turpin, fon Con- feil, pour effayer de les réconcilier. Ma reli- gion eft que, lorfqu'une pauvre femme a époufé un méchant homme, fa place eft d'être malheu- reufe auprès de lui; comme le fort d'un hom- me eft de refter aveugle , quand on lui a crevé les yeux.

M. Silveftre , Avocat aux Confeils , pouvait feul voir l'infortunée. Il écrivait à M. Le Noir; Me. De Bruges, fon Procureur, écrivait à M. Le Noir ; j'écrivais à M. Le Noir; le Prince de Naffau , tout le monde écrivait à M. Le Noir; il ne favoit auquel entendre. J'avais vu M. le Comte de Maurepas, en Octobre. Avec un efprit d'aigle, il avait l'ame douce. Il m'a- vait écouté, entendu, avait vu les Lettres de Guill . . . . . Korn . . . . . en avait été fort fur- pris , m'avait dit de voir M. Amelot, de lui raconter toutes ces chofes & d'en parler à M.

le Comte de Vergennes , qu'ils en raisonne-
raient ensemble , parce - qu'elle était étrangère,

J'avais couru chez les Miniftres ; & par-tout
même plaidoyer.   M. de Maurepas n'était plus.
Mais rien ne put laffer mon zèle. Enfin le 27.
de Décembre j'obtins la faveur infigne de rapporter la joie dans l'affreux féjour des douleurs.
Ma demande était fi modefte !   Elle plaide en
féparation, contre un homme qui fe dérange ,
& qui ne l'a fait enfermer que pour ne lui rendre aucun compte ; il s'eft hâté de prendre
l'attaque , de peur d'être écrafé du poids de la
défenfe.   Je demande, ou plutôt c'eft elle qui
demande, car j'ai fon Placet à la main, qu'on
la délivre de l'horreur d'accoucher dans une
Maifon de force, entre les hurlemens des folles, & les chanfons des proftituées !   L'Accoucheur vous en répondra, vous la rendra fur
votre premier ordre.   Elle eft de la meilleure
Maifon de Basle, mariée à un méchant homme ;
elle plaide en féparation; il n'a pû la vendre vi-
vante, il voudrait en hériter morte !.... Quel
malheur d'être Souverain, ou Miniftre ! on n'a pas
le tems d'être inftruit; la méchanceté qui veille
autour de vous , prend toujours fi bien fon moment, qu'avec le défir d'être jufte, fans le favoir on fait des injuftices ! Il y a trois mois
que vingt perfonnes courent pour obtenir le

redreſſement de celle-ci : Je remis ſon Mémoire, on le lut.

Dieux ! j'obtins l'ordre ! & le voici.

DE PAR LE ROI.

Il eſt ordonné au S (en blanc) de retirer
de la Maiſon de la Demoiſelle Douay la Dame
Kornman, & de la conduire dans celle du ſieur
Page, Accoucheur & Docteur en Médecine.
Enjoint S. M. à ladite Dame Kornman, ſui-
vant ſa ſoumiſſion, de ne point ſortir de ladite
Maiſon, & de n'y recevoir que ſes Avocat &
Procureur ; comme auſſi ordonne S. M. audit
ſieur Page, ſuivant la ſoumiſſion que ladite
Dame Kornman offre de faire audit ſieur Page,
de la repréſenter toutes les fois qu'il en ſera re-
quis ; & ce, juſqu'à nouvel ordre.

Fait à Verſailles le 27. Décembre 1781.

Signé, LOUIS, *& plus bas.*

Signé, AMELOT.

Au-deſſous eſt écrit :

Je ſouſſigné promets & fais ma ſoumiſſion de me conformer à l'ordre ci-deſſus ;
ce 28 Décembre 1781.

Signé, *Page, Docteur Médecin.*

Et au-deſſous eſt écrit :

Je fouffignée promets & fais ma foumif-
fion de me conformer à l'ordre ci-deffus,
ce 28 Décembre 1781.

Signé, F. *Kornman*, née *Faefch*.

Croyez vous, Lecteur, que mes chevaux
euffent affez de jambes pour apporter au
gré de mon defir, un tel ordre à M. Le
Noir? Il me fourit en le lifant. Je ne
me rapelle pas qu'il m'ait dit (comme l'é-
crit Guill… Korn…) que j'étais un fcélé-
rat horrible & redoutable; mais je me fou-
viens qu'il me dit: *les gens que vous aimez
M. de Beaumarchais, font certains d'être bien
fervis:* il voulut bien même ajouter, qu'en
cette occafion, il ne pouvait qu'applaudir à
mon zèle, Eh bien! Monfieur, lui dis-je,
j'en demande la récompenfe. Permettez-moi
d'accompagner ceux qui porteront l'ordre à
cette infortunée. Que je puiffe me vanter
d'avoir fait connaiffance avec elle, fous les
heureux aufpices d'une bonne Lettre de
Cachet! Il fourit, il y confentit. Quel
inconvénient y avait-il?

O Public! Public de Paris! Une femme
plaignante en Juftice contre un mari qui la
tourmente, trouve toujours un défenfeur;
& vous vous étonnez qu'une malheureufe
victime, enfermée fans information, par
une lettre de cachet furprife, exécutée fi

lâchement, ait rencontré des protecteurs, pour folliciter les Miniſtres! Dans quel fiècle vivons - nous donc! Quel d'entre vous trahi, furpris, & fubtiment renfermé, jettant fes bras meurtris à travers les grilles de fer, ne regarderait pas comme un dieu, le paſſant que fes cris pourraient armer en fa faveur? N'avez-vous vu jamais un infortuné qu'on délivre? La terre n'eſt pas aſſez bas, fa tête jamais aſſez courbée, fes genoux pas aſſez flexibles au gré de fa reconnaiſſance : je l'ai vu, je l'ai vu, & fur-tout cette fois, quand j'ai porté dans la priſon la lettre de fa délivrance à l'infortunée Etrangère.

Figurez-vous une jeune femme, priſonnière au mois de Décembre, & n'ayant pour tout vêtement qu'un mauvais manteau de lit d'été, pâle, troublée, enceinte & belle! Ah! enceinte fur-tout & prête d'accoucher! Je ne fais pas comment les autres hommes s'affectent; mais, pour moi, je n'ai jamais vu de jeune femme enceinte, avec cet air doux & fouffrant, qui les rend ſi intéreſſantes, fans épouver un mouvement qui jette mon ame à fa rencontre: jugez quand elle eſt renfermée! Ah! ſi c'était ici le lieu de raconter; je dirais comment une fois j'ai manqué d'aſſommer un homme qui battait une femme enceinte.

Le peuple criait: *c'est fa femme!* — Eh Qu'importe, amis, *elle eft groffe.* J'étais furieux; je rouais de coups le brutal qui l'avait battue, en criant toujours, *elle eft groffe.* J'avais l'éloquence du moment; ils me comprirent à la fin, & fe rangèrent de mon parti. Ces gens-là, c'étaient des Français!

Rentrons dans la Maifon de force où notre infortunée m'attend. Quand elle paraît au guichet où je l'attendais, moi troifième, elle s'écrie avec tranfport. *Ah! fi l'on ne m'a pas trompé, je vois M. de Beaumarchais!* — Oui, Madame; c'eft lui que le hafard rend affez heureux pour contribuer à vous tirer d'ici. Elle eft à mes genoux, fanglotte, lève les bras au ciel: *c'eft vous, c'eft vous, Monfieur!* tombe à terre & fe trouve mal: & moi, prefqu'auffi troublé qu'elle, à peine pouvais-je aider à lui donner quelques fecours, pleurant de compaffion, de joie & de douleur. Je l'ai vu ce tableau; j'en étais, j'en étais moi-même; il ne fortira pas de ma mémoire. Je lui difais en la remettant au Médecin qui devait l'accoucher, à qui le Magiftrat la confiait: ce fervice, Madame, n'a pas le mérite de vous être même perfonnel: ah! je ne vous connaiffais pas; mais, à l'afpect de votre reconnaiffance, je jure que jamais un malheureux ne m'implorera envain dans des circonftances pareilles!

J'ai dit comment la chofe fe paffa.   Je la
quittai,   content de moi: ne me doutant pas,
je vous jure, que fix ans après cette époque,
un Magiftrat qui n'avait fait que nous céder,
au mari le bonheur de faire enfermer fa victime, à nous celui de la rendre au droit de fe
pourvoir devant les Tribunaux contre lui, fe
trouverait impliqué dans une horreur auffi gra-
tuite; qu'on jetterait dans Paris un Libelle
atroce où vingt perfonnes feraient dénigrées;
qu'à l'inftant j'entendrais des cris, que je ver-
rais des yeux braqués fur moi comme des
pièces de canon! que l'on verrait fur-tout des
Dames bien faiblettes, oubliant, leur âge &
leur fexe, abandonner leur propre caufe, fe
chagriner pour le mari, *pleurer, hélas! fur ce
pauvre Holopherne!* Et moi qui fuis tout auffi
faible qu'elles, mais qui choifis mieux mes ob-
jets; fi ce récit ne peut leur ôter de l'idée
que je fuis un homme méchat, je les fupplie
de m'accorder au moins que je fuis le meil-
leur des méchans hommes.

— Mais vous étiez fufpect, on vous taxe
par-tout d'avoir aimé les femmes! — Eh!
pourquoi rougirais-je de les avoir aimées? Je
les chéris encore.   Je les aimai jadis pour
moi, pour leur délicieux commerce! je les
aime aujourd'hui pour elles, par une jufte reconnaiffance. Des hommes affreux ont bien

troublé ma vie! Quelques bons cœurs de femmes en ont fait les délices. Et je ferais ingrat au point de refufer, dans ma vieilleffe, mes fecours à ce fexe aimé, qui rendit ma jeuneffe heureufe! Jamais une femme ne pleure que je n'aie le cœur ferré. Elles font, hélas! fi maltraitées & par les loix & par les hommes! J'ai une fille qui m'eft bien chère; elle deviendra femme un jour: mais puiffai-je à l'inftant mourir fi elle ne doit pas être heureufe! Oui, je fens que j'étoufferais l'homme qui la rendrait infortunée! Je verfe ici mon cœur fur le papier.

Une réflexion, & j'ai fini.

Si cette Juftice éternelle qui veille au bien, en laiffant faire le mal, n'eût pas permis, fans que je m'en doutaffe, qu'on laiffât dans mes mains ces précieux moyens de défenfes, dont je ne me fouvenais non plus que de mon premier rudiment; je ferais un monftre aujourd'hui! Cent pages de difcours ne m'auraient pas lavé de la bonne action qu'ils atteftent. Grand Dieu! quelle eft ma deftinée! Je n'ai jamais rien fait de bien qui ne m'ait caufé des angoiffes! Et je ne dois tous mes fuccès, le dirai-je?........ qu'à des fottifes! *Signé*, CARON DE BEAUMARCHAIS.

GUEBERT , Procureur.

Ma seconde Partie paraîtra quand l'information fera finie. Je ne laifferai rien en arrière. J'ai befoin de me repofer, non dans l'inaction, je ne le puis; mais dans le changement d'occupation: c'eft ma vie.